ALBERT MAURIN

LES

INTERPELLATIONS

M. THIERS — M. ROUHER

PARIS

LEDOYEN, LIBRAIRE-ÉDITEUR

Palais-Royal, Galerie d'Orléans.

MARS 1867

LES INTERPELLATIONS

M. THIERS — M. ROUHER

(Extrait du NAPOLEONIEN de Troyes des 19, 20, 21 et 22 mars 1867.)

M. THIERS.

I

Quatre séances ont été employées par le Corps législatif aux interpellations sur les affaires étrangères. Le discours prononcé par M. Thiers se divisait en deux parties distinctes. La première a été une belle conférence sur des questions d'histoire. M. Thiers a le privilége de redire des choses très connues, en paraissant nouveau. L'ordre, la clarté qu'il met dans ses narrations, l'échelle logique de ses développements, le bon sens bourgeois de ses appréciations font le charme de ses discours, et il leur doit le succès que d'autres orateurs tiennent de l'élévation de la pensée, de la hardiesse des aperçus, de l'imprévu des déductions. Que M. Thiers nous fasse l'historique du système Law et de la création du crédit en France, qu'il nous retrace les origines de notre pouvoir adminis-

tratif, ou la formation de notre nationalité, ou les chances diverses de notre politique extérieure sous l'ancienne monarchie, le sujet varie, mais la méthode ne change pas. Toute véritable philosophie est absente de son travail. S'il cherche dans les événements qu'il retrace ou dans les institutions qu'il étudie, un exemple à suivre, des fautes à éviter, il n'a jamais sous les yeux que les événements accomplis, que le passé fouillé par ses recherches, que le théâtre sur lequel se sont déroulés les faits qu'il nous expose : sans se demander jamais si le monde n'a pas marché depuis, si d'autres mœurs, d'autres besoins, des aspirations nouvelles, des conditions matérielles et morales toutes différentes ne se sont pas produites, et si la vérité relative d'hier n'est pas devenue l'erreur flagrante d'aujourd'hui.

Dans les questions d'économie sociale, M. Thiers a défendu le monopole, le régime restrictif, la protection à outrance, parce que pendant les viriles années de son existence d'homme d'Etat, il a vu un règne entier s'appuyer fortement sur un tel système, en tirer une certaine grandeur et une prospérité dont il fut lui-même un des principaux artisans. Lui et ses amis demandaient à ce règne des réformes politiques ; mais ils voulaient lui conserver sa forme économique. Et lorsque les institutions politiques s'en sont allées, sans espoir de retour, persistant dans leur inconséquence, nous les avons entendus réclamer le développement des libertés politiques et le maintien des priviléges économiques, deux termes qui s'excluent l'un l'autre.

M. Thiers, qui connaît comme pas un son histoire de France, a vu que la *politique de l'Europe* commence à la fin du xve siècle, au moment où les puissances principales, revenues de l'état de morcellement où elles étaient tombées par suite du système féodal, commençaient à se reconstituer. A partir de ce moment, la continuelle préoccupation de ces puissances, après le soin de leur propre grandeur, « est de « veiller sans cesse l'une sur l'autre, pour « qu'aucune d'elles ne menace la sûreté com- « mune ; et s'il y en a une qui, par les préten- « tions qu'elle affiche, par les forces qu'elle « déploie, menace l'indépendance des autres, « on se réunit contre elle pour la réduire ou la « contenir. Puis, le but atteint, si l'une de « celles qui ont aidé à l'atteindre, devient à son « tour inquiétante, c'est contre elle qu'on se « réunit et qu'on dirige toutes les forces. Et « comme dans cet effort continuel, l'idée d'un « certain équilibre à établir entre toutes les « nations est présent à tous les esprits, le mot « d'*équilibre* se trouve dans toutes les bouches, « et il devient l'expression technique de cette « politique, qu'on appelle la POLITIQUE DE L'É- « QUILIBRE EUROPÉEN. »

La maison d'Autriche cherche à se soustraire à cette politique, par un essai de monarchie universelle, et Charles-Quint réunit successivement sur sa tête les couronnes d'Autriche, d'Illyrie, de Hongrie, de Bohême, des Pays-Bas, d'Espagne, de Naples et des Indes. Une lutte de deux siècles finit par briser le grand empire de Charles-Quint. La lutte se poursuit avec des phases diverses, sous Louis XI, Charles VIII, Louis XII, François Iᵉʳ. Henri IV reprend la politique de l'équilibre européen ; Richelieu recueille sa pensée, Mazarin s'en inspire à son tour, et l'œuvre est enfin accomplie par le traité de Westphalie et la paix des Pyrénées :

« L'Espagne est rejetée au delà des Pyrénées, « la Hollande est définitivement affranchie; tous « les petits Etats allemands sont maintenus « dans leur indépendance, l'Europe est libre par « la France, et la France est couverte de gloire. »

Alors la France, sur cette politique européenne de l'*équilibre*, greffe sa politique particulière, comme on greffe sur le tronc robuste du sauvageon la branche qui donne les fruits nourrissants : la maison de Bourbon invente la *politique d'Etat*, qui consiste, suivant la définition de M. Thiers, « à ne jamais rechercher que l'intérêt exclusif de l'Etat, sans avoir jamais pour « but le triomphe de tel ou tel principe. »

La politique des Bourbons, toujours suivant M. Thiers, eut encore un autre trait principal ; mais avant d'en parler, il faut appuyer un instant sur la « politique d'Etat. »

Cette politique, telle que la comprend M. Thiers, est évidemment la politique des deux morales : la grande et la petite ; la grande à l'usage de la collectivité, la petite à l'usage de l'individu. Notre conscience se révolte un peu contre cette théorie de l'ancien ministre du Iᵉʳ mars. Eh quoi ! deux règles gouverneraient le monde moral? L'individu aurait sa morale, la société aurait la sienne ! Nous nous mouvrions, avec des devoirs, des obligations étroites, dans un milieu qui nous les imposerait, sans les observer lui-même ; la vertu des citoyens consisterait moins à obéir à leurs intérêts qu'aux *principes*, c'est-à-dire aux premières et plus évidentes vérités qui peuvent être connues par la raison ; et l'honneur de la république serait de méconnaître tous ces principes pour ne consulter que son intérêt ! C'est malheureusement un signe du temps, que ces paroles de M. Thiers n'aient pas soulevé une seule protestation dans l'assemblée qui prêtait une oreille charmée au vieil orateur parlementaire ; car M. Thiers ne s'est pas contenté de rappeler que cette politique a eu ses beaux jours ; que nos hommes d'Etat en ont fait leur code pendant deux siècles ; que des nécessités supérieures l'ont peut-être imposée aux gouvernements de la France, quand elle régnait sur tous les cabinets de l'Europe, jusqu'au jour du grand réveil, jusqu'à la splendide aurore de 89. Non, M. Thiers n'a pas restreint sa tâche à plaider les circonstances atténuantes en faveur de «la politique de l'intérêt.» Il l'a proclamée hautement, en face d'une assemblée française, « comme la véritable poli-« tique de l'intérêt français; et comme la poli-« tique véritable de l'humanité ; » il a reproché à la Révolution de l'avoir altérée, il a fait un crime de son abandon au gouvernement de Napoléon III ! Mais il a oublié de nous dire com-

ment la monarchie de Juillet l'avait traitée. Peut-
être a-t il eu de bonnes raisons pour cela. En
1840, M. Thiers annonçait la *guerre au printemps*,
une guerre d'intérêt politique ; au printemps
de 1841, son successeur, M. Guizot, négociait
une paix qui fut la paix des intérêts matériels.

II

M. Thiers nous dit que le second trait dis-
tinctif de la politique étrangère de la France,
sous les règnes précédents, était celui ci : Sou-
tenir les petits Etats ; et développant sa pensée,
il ajoute : « Les petits Etats sont des corps
« amortissants placés entre les grands Etats
« pour amortir les chocs ; mais ils rendent
« bien d'autres services. Par leur faiblesse, ils
« sont des voix acquises à la cause de la justice
« dans le conseil des nations ; par leur nombre,
« ils introduisent dans le conseil des nations la
« multiplicité des intérêts, et les intérêts, en
« se multipliant, se généralisent et s'élèvent à
« la hauteur de l'intérêt général. Enfin, ils
« rendent un service plus grand : ce service est
« de continuer d'être ; car, lorsqu'ils dispa-
« raissent, c'est pour aller grossir les grands
« Etats, déjà trop redoutables. »

Nous ne nous arrêterons pas sur « l'amortis-
sement des chocs. » Cette politique de tampon
et de parachute n'a jamais rien amorti. Quand
le jour des grandes guerres est venu, les gros,
pour s'entrechoquer, passent sans façon aucune

sur le ventre des petits, et les faibles sont pour les puissants, moins un obstacle à leur ambition qu'un appât à leur convoitise. Les exemples en fourmillent dans l'histoire. Mais laissant de côté les temps de lutte, pour nous occuper seulement des périodes de paix, où les intérêts se débattent dans les conseils, examinons les deux propositions émises par l'éminent orateur. — Les petits Etats par leur faiblesse sont des voix acquises à la cause de la justice. — La multiplicité des intérêts qu'ils introduisent s'élève à la hauteur de l'intérêt général. — D'abord la justice est-elle l'apanage nécessaire de la faiblesse ? et suffit-il à un état de n'occuper qu'un étroit espace géographique, pour tenir une grande place dans l'ordre des idées de justice ? Le lecteur voudra bien remarquer que nous disons « Etat, » et non pas « peuple ou nation, » car M. Thiers repousse la politique des nationalités pour affirmer la supériorité de la « politique d'Etat. » Avant le grand mouvement national qui devait aboutir à l'affranchissement de l'Italie, puis à son unification, la politique d'Etat du grand duché de Toscane, celle des petites cours de Parme et de Modène, celle du royaume de Naples, étaient autrichiennes, et l'Autriche en apportait l'appoint dans les conseils de l'Europe. Etaient-ce des voix acquises à la cause de la justice ?

Les voix acquises à cette cause étaient les voix italiennes qui demandaient la délivrance de l'Italie ; mais ces voix, auxquelles M. Thiers, de loin, prêtait volontiers l'oreille, au mois de janvier 1847, lorsque M. Guizot déniait aux

Italiens le droit d'obtenir des réformes inconci-
liables avec les intérêts de l'Autriche, il prétend
aujourd'hui qu'il ne les a jamais entendues.
L'honneur éternel du gouvernement de Napoléon III sera de leur avoir ouvert plus tard le
Congrès de Paris, où la vieille diplomatie s'é-
tonna de leurs jeunes et mâles accents. Quant
aux intérêts qui, en se multipliant, se généralisent et s'élèvent à la hauteur de l'intérêt général, cela peut arriver, comme il arrive que la
multiplicité des notes et des instruments de
musique produit un magnifique concerto....,
à la condition que notes et instruments soient
réglés par les lois du contre-point et de l'har-
monie. Des intérêts contraires, désordonnés,
mal définis, en se multipliant, ne s'élèveraient
à la hauteur d'un intérêt général, que pour
amener un bouleversement général.

M. Thiers a voulu donner en exemple au
gouvernement impérial, l'ancienne monarchie
et sa politique étrangère. La vérité est que si
cette monarchie a prétendu fonder sa grandeur
sur la politique de l'équilibre européen, aban-
donnant les *principes* pour n'obéir qu'aux *intérêts*; si un des traits distinctifs de cette politique consiste en ce que la maison de Bourbon a
toujours soutenu les petits Etats ; la vérité,
disons-nous, est que les événements n'ont jamais justifié ces prétentions, et que les conclu-
sions de l'histoire sont tout autres que celles du
discours de l'honorable député de la gauche. Le
fameux équilibre européen s'est à peu près

maintenu par la seule force des choses, mais ses conditions n'ont pas cessé de varier. Au nord, un empire qui n'était qu'une peuplade sous Louis XIII, s'est fondé, aussi grand et qui sera un jour aussi peuplé que tout le reste de l'Europe. L'Autriche de 1648, l'Autriche du traité de Westphalie, a vu s'élever à côté d'elle un royaume, arrondi de ses propres dépouilles, et qui n'avait pas besoin des trophées, ni des conséquences territoriales de la bataille de Sadowa, pour occuper un rang parmi les cinq grandes puissances continentales. Tandis que la Russie se développait dans des proportions démesurées; tandis que les petits Etats de l'électeur de Brandebourg devenaient le grand royaume de Prusse, l'Espagne de Philippe V et d'Alberoni descendait peu à peu au rang de puissance de second ordre. Pour les petits Etats, objets de la sollicitude de la politique de l'équilibre européen, est-il besoin de nommer tous ceux qui ont successivement disparu, absorbés par des voisins plus forts, et de dire que ceux qui demeuraient, perdaient toute indépendance? Le plus malheureux, le plus illustre de tous, a agonisé pendant près d'un siècle sous la main des spoliateurs.

Notre temps a eu le triste spectacle de son dernier soupir; nous avons assisté à l'ensevelissement de la Pologne dans le grand linceul moscovite. A défaut des secours qu'il était trop tard pour lui prêter, la nation des Jagellons a eu du moins toutes nos sympathies; ses proscrits ont trouvé un asile à notre foyer, et le gouvernement national, qui a inauguré dans le monde la politique des nationalités, l'aurait sauvée, si la vie ne s'était déjà échappée de ce corps mutilé par de glorieuses blessures. Mais elle était bien vivante, la Pologne, quand la politique de l'équilibre européen, la politique qui se targuait de n'obéir qu'à l'intérêt exclusif de l'Etat et jamais aux principes ; cette politique à l'apologie de laquelle hier encore , au sein d'une assemblée française, M. Thiers consacrait pendant quatre heures les ressources de son incontestable talent ; quand la politique « des intérêts, » assista sans s'émouvoir beaucoup, à son dépécement. N'y aurait-il que ce fait à sa charge, dans l'histoire, et il n'est malheureusement pas le seul, qu'elle serait condamnée, pour ne pas lui appliquer une expression plus énergique.

Personne n'a jamais nié que l'ancienne monarchie n'ait eu sa part de gloire, une large part ; que ses armées, les armées de la France, ne se soient vaillamment battues ; que ses hommes d'Etat, ses ministres, ses diplomates n'aient heureusement travaillé à constituer notre nationalité, au milieu de l'Europe agitée ; mais la féodalité aussi a eu sa mission et sa gloire : qui songe à la faire revivre ! Les temps nouveaux, avec leurs besoins, leurs aspirations, leurs nécessités toutes différentes de celles du passé, ont trouvé dans le Prince qui nous gouverne, leur exacte et puissante expression : la politique de ce Prince ne peut s'inspirer du

passé, quand elle regarde l'avenir : aux intérêts d'Etat, elle a substitué le principe des
nationalités. Les intérêts d'Etat ont laissé parta-
ger la Pologne ; vous n'en avez rien dit ; le principe des nationalités a valu à l'Italie son affranchissement, et vous prétendez « qu'il n'y a plus
de fautes à commettre, » après l'affranchissement de l'Italie et les derniers agrandissements
de la Prusse. Pour parler le langage de M.
Thiers, nous dirons qu'il y en avait encore une,
et c'est lui qui l'a commise, en employant
son beau talent d'orateur à méconnaître la grandeur de la politique de Napoléon III.

M. ROUHER.

I

Une incomparable éloquence, le calme de la
raison au milieu des orages de la tribune, joint
à une chaleur de conviction qui s'élève quel-
quefois jusqu'à la passion ; — il est bon que la
vérité ne laisse pas toujours à l'erreur le privilége de se passionner ; — une profonde connais-
sance des choses de ce temps ; une logique
inexorable, un coup-d'œil d'une rapidité de
pénétration qui est aussi nécessaire dans les
luttes oratoires que sur le champ de bataille ;
une identité complète avec la pensée du Prince
qui préside aux destinées du pays : voilà ce que
la politique nationale de l'Empire devait opposer aux attaques longuement calculées de

l'ancien ministre du gouvernement de juillet.
M. Rouher a répondu à M. Thiers.

Nous nous souvenons du deuil et des regrets
qui suivirent, il y a quelques années, la fin pré-
maturée d'un grand orateur, en qui s'était
presque personnifiée, dans l'assemblée délibé-
rante, la défense de la politique de Napoléon
III. Un instant la mort de M. Billault fit l'anxiété
des meilleurs esprits. Cette voix pleine d'autorité, cette parole retentissante qui ralliait les
amis et s'imposait aux adversaires, venaient de
s'éteindre, au moment même où l'ardeur et la
multiplicité des attaques les rendaient plus né-
cessaires. Mais l'anxiété ne fut pas de longue
durée : la confiance allait renaître, plus complète encore. Les grands principes ne manquent
jamais de grands hommes. Comme une terre
féconde, ils ont une végétation incessante et vi-
goureuse. La tribune française reconnut un de
ses maîtres, dès que M. Rouher put y monter
avec l'autorité d'une haute situation politique ;
et personne ne nous contredira aujourd'hui, si
nous disons que jamais la raison souveraine ne
s'est parée du prestige d'une plus belle éloquence.

Le discours de M. Thiers comprenait deux
parties. Dans la première, il avait fait implici-
tement la critique de la politique étrangère
de l'empire, en faisant l'apologie de la politique
étrangère des précédents gouvernements. Dans la
seconde, il s'était plus particulièrement attaché
aux questions actuelles. Le ministre-orateur n'a
pas perdu son temps à donner une contre-partie

de la conférence historique de M. Thiers. Le livre
et la brochure ont des loisirs et de l'espace, pour
remonter aux origines de la politique de l'Europe, pour la prendre *ab ovo* au XVᵉ siècle, et
M. Thiers a prouvé, en se hâtant de demander
à la Chambre l'autorisation d'imprimer son discours, qu'il avait entendu faire moins un discours qu'une brochure. De tels loisirs manquent
à la tribune ; ce n'est pas trop de quelques heures pour exposer devant les députés du pays,
avec une sincérité et une loyauté qui ne veulent
omettre aucun détail, la marche que le gouvernement de l'Empereur a suivie pendant ces
deux dernières années. C'était là l'objet réel des
interpellations : ce devait-être l'objet exclusif
de la réplique.

Le promoteur des interpellations avait émis
une série de propositions, qui peuvent se résu-
mer ainsi :

La guerre d'Italie a été une faute, et elle a
produit un danger, *l'unité italienne*. Un deuxiè-
me danger, *l'unité allemande*, a été la conséquence de l'unité italienne.

Dans le conflit danois, la France pouvait con-
jurer le péril et arrêter l'invasion des Duchés
par un acte de sa volonté ; la France a déserté
dans cette occasion les engagements de 1852.

Plus imprudente encore, lorsque le conflit
allemand a succédé au conflit danois, la France
a permis à l'Italie de s'allier à la Prusse, quand
elle pouvait avec une parole énergique imposer
à l'Italie de rester neutre. Sans l'Italie, la Prusse
n'aurait pas vaincu à Sadowa.

Enfin, comme il ne reste plus de fautes à commettre, mais aussi plus de grandes choses à attendre d'une situation aussi mauvaise pour notre pays, la France doit se borner à racheter une à une ses fautes à force de prudence et de sagesse.

Ce n'était pas assez pour un homme d'Etat comme M. Rouher, pour un ministre de Napoléon III, de démontrer qu'il n'y avait pas eu de fautes commises; devant une chambre française, il fallait prouver que des événements aussi considérables que ceux de ces dernières années, ne s'accomplissent pas sans donner quelque gloire à la France : et cette preuve, M. Rouher l'a faite surabondamment. Dans la question italienne, la politique impériale n'a-t-elle pas eu pour complice toute l'école libérale ? Cette école a-t elle jamais cessé de demander l'affranchissement de l'Italie? Casimir Périer envoyait en 1831 nos régiments à Ancône pour protéger la Péninsule contre les Autrichiens; il posait comme principe l'abaissement graduel de la domination autrichienne. Et que de protestations, que de clameurs, lorsque nos soldats furent retirés d'Ancône, remportant le drapeau qui était une garantie pour la liberté de l'Italie, et peut-être un espoir pour son unité. Car cette unité, elle était au fond de l'idée même de l'affranchissement. Les libéraux l'acceptèrent, en donnant la main aux carbonari de 1821. Et que voulait dire M. Thiers, lorsqu'il s'écriait, en 1847, à cette même tribune dont le marbre vient d'être restauré : « O Italie,

« entends ma faible voix ; redresse-toi tout
« entière, sous le drapeau de Charles-Albert ! »
Si ce n'était pas là un vœu pour l'unité italienne,
il faut avouer que cela y ressemblait beaucoup.

Mais en 1859, il ne s'agissait pas de l'unité ;
l'indépendance seule était en cause, menacée
par l'Autriche d'un anéantissement complet ;
et nous laissons ici la parole à M. Rouher :

« C'est dans ces conditions que le gouverne-
« ment impérial a hérité de la question ; c'est
« après tous ces précédents, qu'il l'a retrouvée
« se manifestant dans une lutte engagée entre
« l'Autriche et l'Italie. Le gouvernement impé-
« rial ne devait-il pas suivre ces errements ?
« Ne devait-il pas rendre à la Péninsule italien-
« ne son indépendance ? Ne devait-il pas s'en-
« gager pour cette cause qui avait été discutée,
« plaidée, affirmée par toutes les bouches élo-
« quentes qui s'étaient fait entendre à cette
« tribune, et qui toutes faisaient de l'indépen-
« dance de l'Italie une véritable question de
« droit public. Si nous avions, à ce moment,
« déserté la voie qui nous avait été tracée, l'in-
« dignation et les attaques n'auraient pas tari. »

Evidemment ! et M. Thiers serait monté à la
tribune, pour reprocher au gouvernement impérial d'avoir laissé périr l'Italie. Dans ses
souvenirs et dans ses discours de 1847, il aurait
trouvé pour cela de belles indignations.

Après Solférino, l'Italie était donc libre,
libre par la France, qui avait défendu ses propres principes, ses meilleurs intérêts politiques,

ses idées libérales au delà des Alpes, et qui en rapportait aussi quelque gloire, à ajouter à celles que l'historien du Consulat et de l'Empire a racontées dans ses plus belles pages. Mais l'Italie indépendante a voulu être l'Italie unifiée. Les Italiens ont cru que leur indépendance exigeait l'unité, et que l'unité était la condition de leur force. Fallait-il retourner contre eux l'épée de Solférino ?

« Nous les aurions donc affranchis, » s'est écrié le ministre-orateur, « pour contrecarrer
« ensuite violemment leur désir et leur ten-
« dance? parce qu'ils n'adoptaient pas le sys-
« tème fédératif qu'un instant nous avions cru
« le meilleur, nous leur aurions dit : Vous ne
« serez pas libres? C'est un système bien pé-
« rilleux, pour rendre service à ceux que l'on
« aime, que de leur imposer ainsi une volonté
« oppressive et dominatrice. Nous avons eu une
« pensée plus élevée. Nous avions donné un con-
« seil à l'Italie ; elle n'a pas cru devoir le suivre,
« elle a voulu être une, autonome, avoir une in-
« dépendance mieux garantie ; nous avons dit :
« Qu'il en soit ainsi; la France n'y voit pas un
« danger pour elle. Savez-vous où serait le dan-
« ger pour la France? Il serait à la fois et dans
« des réactions imprudentes contre ce qui est,
« et dans des révolutions passionnées comme
« celles que certaines personnes provoquent
« dans le sein de l'Italie. Deux écueils sont à
« éviter : la réaction et la révolution. La seule
« voie à suivre, c'est l'apaisement et la conci-
« liation. Travaillons incessamment à rendre

« communs des intérêts un instant divergents.
« La question religieuse est aujourd'hui apai-
« sée ; travaillons à régler la question commer-
« ciale et la question économique; puis nous tra-
« vaillerons à concilier les intérêts politiques, et
« de Rome et de l'Italie. Voilà le but à suivre. »

Et voilà de la bonne politique, faut-il ajouter;
une politique vraiment nationale et civilisatrice ;
non plus celle qui, prenant pour objectif des
intérêts étroits, ne voit pas d'horizon au delà de
ses frontières, mais la politique d'un grand
peuple dont les idées rayonnent sur le monde.

II

L'unité italienne était faite, moins Rome et
la Vénétie. Mais le gouvernement impérial s'était
donné la mission de sauvegarder le grand intérêt du monde catholique, l'autonomie de Rome,
au milieu de l'irrésistible mouvement d'annexion
auquel la Vénétie devait tôt ou tard obéir par la
force des choses. Nous savons aujourd'hui si
cette mission a été habilement remplie. Que
l'on se reporte, par la pensée, aux quelques mois
qui ont précédé l'évacuation de la Ville éter-
nelle. Les meilleurs esprits, les jugements les
plus solides avaient des doutes sur les conséquences du rappel de notre corps d'occupation;
ou plutôt, personne ne doutait que le départ de
notre drapeau ne fût suivi, pour le moins, de
troubles, de profondes agitations, préludes de plus
graves événements. Rome a été évacuée, le
dernier soldat français s'est embarqué à Civita-

Vecchia : Rome est tranquille, et de récentes
dépêches nous apprennent que les troupes du
roi Victor-Emmanuel s'occupent, de concert
avec les zouaves de Pie IX, à la répression du
brigandage. C'est là l'œuvre de la convention
du 15 septembre, et la convention du 15 septembre est l'œuvre du gouvernement impérial.

Qu'ils sont de grands artisans d'injustice, les
partis politiques ! Sous la Restauration, sous le
gouvernement de Juillet, pendant plus d'un
quart de siècle, le parti libéral a fait des vœux
pour l'affranchissement de l'Italie. Les journaux,
la tribune de la chambre des députés n'ont pas
cessé de retentir de ces vœux, demeurés stériles
à ce point, que la petite expédition d'Ancône
du ministère Casimir Périer fut une des
gloires du règne du roi Louis-Philippe, avec le
siége d'Anvers et le bombardement de Saint-
Jean d'Ulloa. Mais un gouvernement est venu
ensuite, qui a renouvelé pour l'indépendance
italienne les merveilles de Rivoli et de Marengo ;
qui a tenu dans ses mains le Milanais, et qui l'a
donné à l'Italie ; qui a eu la singulière fortune,
la même année, de conserver Rome à la Chré-
tienté et de rendre aux Italiens Venise. Et l'un
des plus anciens et des plus illustres représen-
tants du parti libéral, le collaborateur du *National* sous la Restauration, le collègue des
Audry de Puyraveau, des Mauguin dans les ven-
tes de la société *aide-toi le ciel t'aidera* ; celui
qui plus tard, simple député après avoir tenu
des portefeuilles, conviait, du haut de la tribu-

ne, l'Italie frémissante à se grouper tout entière autour du drapeau de Charles-Albert : M. Thiers ne retrouve cette même tribune, que pour dire à l'Empire qu'il a abaissé la France, amoindri son influence, qu'il n'a plus laissé de fautes à commettre, en affranchissant l'Italie ! Ah ! nous comprenons les indignations et les éclats du ministre de Napoléon III, en présence de telles accusations ; et ces belles paroles, qui ont été saluées par une double salve d'applaudissements :

« Nous ne voulons ni compromis, ni transac-
« tion, ni équivoque. Si vous croyez que la
« France a perdu un centimètre de sa taille, un
« atôme de sa grandeur, il faut le déclarer
« hautement Je préfère les orages solennels de
« la guerre, je préfère la foudre qui éclaircit
« les rangs et y porte à la fois la mort et l'im-
« mortalité, à une situation qui serait funeste
« à mon pays, qui lui ferait un ciel sombre, un
« soleil blafard, et lui donnerait un malaise
« mortel, dans lequel s'effaceraient et s'étein-
« draient graduellement sa force, sa grandeur
« et sa prospérité ! »

La guerre d'Italie n'a pas été une faute ; l'unité italienne n'est pas un danger. Le danger consistait à avoir dans notre voisinage un peuple morcelé, de petits Etats mal gouvernés, une nationalité frémissant sous la domination autrichienne, cause permanente de complications et de conflits européens ; le suprême danger pour nous, eût été de voir l'Autriche victorieuse au pied des Alpes Cottiennes.

Nous avons examiné les actes de la France en Italie. Dans la question des Duchés, quelles ont été ses paroles ? M. Rouhèr les a apportées à la tribune. Le traité de 1852 était la garantie des duchés de l'Elbe. La Prusse et l'Autriche, coalisées dans un intérêt momentané, se jetaient sur le Danemark. Pour maintenir l'intégralité du traité de 1852, il y avait deux voies à suivre, la guerre ou les négociations diplomatiques. L'Angleterre proposait à la France d'envoyer les deux flottes dans la Baltique. On se souvient de ce que fit, ou plutôt de ce que ne fit pas dans la Baltique la flotte anglaise du comodore Nappier, pendant la guerre de Crimée ! La France répondit à l'Angleterre : « La guerre « n'est pas sur les bords de la Baltique ; nos « flottes s'y promèneraient impuissantes et « sans y rencontrer l'ennemi ! Si vous voulez « fortifier les duchés de l'Elbe, il faut aborder « le continent. Etes-vous prête à engager cette « grande guerre ? » L'Angleterre n'était pas prête, sans doute, car elle se tut. On en vint alors aux négociations diplomatiques, aux Conférences de Londres, où lord Russell prononça lui-même l'oraison funèbre du traité de 1852. Le fait était accompli, c'est à dire la conquête presque totale du Schleswig, du Holstein et du Jutland. Lui opposer une guerre générale : qui oserait dire aujourd'hui que la France devait allumer cette guerre? La France, au fait brutal opposa le droit : elle pensa à consulter les populations des duchés de l'Elbe sur leurs propres destinées ; elle proposa de leur demander à qui elles voulaient appartenir.

Mais la guerre des Duchés fut la préface d'une question autrement importante, celle de la reconsti'ution même de l'Allemagne. L'unité allemande n'est pas sortie de l'unité italienne. Cette unité, à peu près accomplie aujourd'hui par la Prusse, l'Autriche avait déjà essayé de la préparer et de la réaliser à son profit. N'est-ce pas l'empereur François-Joseph, qui disait à Francfort, en 1861 : « La confédération germanique « n'est plus une forme possible ; il faut que la « *patrie allemande soit constituée!* » Le roi de Prusse n'eut pas d'autres mots à chercher, quand il déclara, au début de la guerre de 1866, que la Diète de Francfort était dissoute. « Il faut que la patrie allemande soit recons- « tituée, » a-t-il répété après la bataille de Sadowa. La patrie allemande pouvait-elle en réchapper? Autrichienne ou prussienne, elle avait à choisir entre ces deux termes.

Elle n'a pas précisément choisi : elle a été vaincue avec l'Autriche ; mais elle paraît s'accommoder de sa défaite ; elle paraît s'en consoler, en acceptant l'unité prussienne, à défaut de l'unité purement allemande qui fut, depuis 1813, le rêve de tout ce qu'elle a compté d'esprits généreux. La partie du discours de M. Rouher consacrée à la question de l'unité allemande, à son origine, à son développement économique, est une page d'histoire contemporaine qui restera.

Quel a été le rôle de la France, dans ce grand événement, préparé de longue main, et tellement

prévu, qu'un publiciste français écrivait en
1839 : « N'avoir qu'une seule ligne et un seul
« code de douanes, qu'un seul système de poids
« et mesures, qu'un seul système de monnaies,
« qu'un seul budget en ce qui concerne les
« douanes ; pouvoir aller librement d'une fron-
« tière à l'autre, d'un marché à l'autre ; vivre
« dans un perpétuel échange, non-seulement de
« commerce et d'industrie, mais de sentiments
« et d'idées ; pouvoir ainsi s'étudier, se com-
« prendre, se mêler, se pénétrer mutuellement,
« n'est-ce pas, surtout quand on est sorti d'une
« race commune, se préparer à devenir une
« seule nation, dans un avenir plus ou moins
« éloigné mais infaillible ? L'*unité politique* de
« l'Allemagne est au fond des cœurs ; l'instinct se-
« cret des peuples la souhaite et l'attend, qu'el-
« le vienne de la Prusse ou d'ailleurs. Quand les
« choses seront prêtes, quand la situation sera
« mûre, il suffira d'un événement, d'un homme
« peut-être, pour amener tout d'un coup ce ré-
« sultat. »

Le rôle de la France ? Mais il a été à la hauteur de ce que notre passé nous offre de plus
grand. La France a été une médiatrice heureuse,
entre les deux puissances belligérantes. L'Autriche, dans une heure de crise suprême, ne
s'adresse ni à la Russie, ni à l'Angleterre : elle
tourne les yeux vers la France, vers la France
qui l'a vaincue à Magenta, à Solférino, qui lui
a enlevé un de ses plus beaux joyaux, le Milanais : elle lui met Venise dans les mains !

III

Nous avons placé, en tête de cette rapide étude politique, le nom de l'homme éminent qui justifie d'une manière si éclatante la confiance de l'Empereur et celle de son pays, dans les conseils de l'Etat et dans les débats des assemblées. C'est par la parole même du ministre-orateur que nous voulons terminer, faisant ainsi passer dans l'esprit de ceux qui nous liront quelque chose de l'émotion profonde que M. Rouher a produite chez ceux qui l'écoutaient, lorsqu'il s'est écrié :

« La médiation a-t-elle donc été une œuvre
« sans difficulté et sans gloire ! Comment ! le
« chef de l'Etat accepte de devenir le médiateur
« entre la Prusse dont l'armée est aux portes
« de Vienne et qui ne rencontre devant elle
« que les débris d'une armée consternée et
« battue ; le chef de l'Etat accepte la médiation
« vis-à-vis d'une autre puissance exaltée par
« ses revers, impatiente de tirer vengeance de
« sa défaite de Custozza, il intervient dans une
« pensée de haute raison pour calmer l'ardeur
« du vainqueur, pour protéger le vaincu dans
« sa faiblesse, pour arrêter ces hécatombes
« humaines, ces effusions de sang qui auraient
« été la conséquence de la continuation de la
« guerre. Je le dis, ç'a été à la fois une diffi-
« culté grande et une gloire sérieuse. La pos-
« térité appréciera. Oui, nous sommes parve-
« nus, par une médiation attentive, à empêcher

« que cette Autriche, qui avait déjà perdu deux
« de ses grandes provinces, eût sa capitale
« saccagée, et à maintenir son intégrité, à la
« condition de l'abandon de la Vénétie. Nous
« avons réalisé ce programme de 1859, qu'ap-
« paremment vous ne nous demandiez pas
« d'oublier. Nous avons fait une Italie libre des
« Alpes à l'Adriatique, et après vingt jours,
« alors que cette guerre semblait devoir mettre
« en feu l'Europe entière, suspendre et arrêter
« sa prospérité ; après vingt jours, les armées
« rentraient dans leurs foyers, le sang ne cou-
« lait plus, la paix était rétablie, et la civilisa-
« tion reprenait sa marche un instant inter-
« rompue. Voilà notre conduite, voilà comment
« nous avons agi : où est donc notre responsa-
« bilité ? Ah ! « il n'y a plus une faute à com-
« mettre ! » Le mot peut être à la fois bien
« habile et bien dangereux ; je lui oppose la
« vérité : « Il n'y a pas eu une seule faute
« commise. »

ALBERT MAURIN.

Troyes, typ. Brunard, rue Urbain IV, 85.

CHEZ LEDOYEN, LIBRAIRE-ÉDITEUR

Palais-Royal, Galerie d'Orléans.

LE PROJET DE LOI SUR LA PRESSE

PAR M. ALBERT MAURIN

TROYES. — IMPRIMERIE DE J. BRUNARD.

www.ingramcontent.com/pod-product-compliance
Lightning Source LLC
Chambersburg PA
CBHW051406050726
47595CB00006B/2726